Christa König

Leselöwen-Höhlengeschichten

mit Zeichnungen von
Anke Prahl

Loewe

CIP-Titelaufnahme der Deutschen Bibliothek

König, Christa:
Leselöwen-Höhlengeschichten / Christa König.
2. Aufl. – Bindlach: Loewe, 1990
(Leselöwen)
ISBN 3-7855-2152-9

ISBN 3-7855-2152-9 – 2. Auflage 1990

Umschlagkonzeption: Kirsch & Korn
Umschlagzeichnung: Anke Prahl
Satz: Fotosatz Leingärtner, Nabburg
Gesamtherstellung: Bercker, Kevelaer
Printed in Germany

Inhalt

Gefährliche Höhlengeschichte

Martin und Heiko wohnen auf dem Dorf. Sie haben denselben Schulweg, aber sie können sich nicht leiden.

„Du stinkst nach Mist“, ruft Heiko.

„Latsch nicht immer hinter mir her“, schreit Martin.

Manchmal prügeln sie sich. Martin ist stärker.

Martins Vater ist Bauer.

Hinter dem Hof gibt es einen Abhang. Oben wachsen Kiefern. In dem Abhang sind lauter Kaninchenlöcher.

Eines Nachmittags spielt Martin an dem Abhang. Er macht mit seinem kleinen Spaten ein Kaninchenloch größer. Er will sich eine Höhle bauen.

Heiko steht in der Nähe und guckt zu.

„Geh weg“, schreit Martin. „Hau endlich ab!“ Er schmeißt eine Schaufel Sand nach Heiko. Der schmeißt mit Kiefernzapfen zurück.

Martin vergißt Heiko. Er gräbt und gräbt. Nun ist die Höhle so groß, daß er hineinpaßt. Er arbeitet jetzt auf den Knien. Den Sand wühlt er los und wirft ihn mit den Händen hinter sich. Er denkt: „Wenn die Höhle fertig ist, mache ich mir ein Lager aus Heu. Vor den Eingang hänge ich einen Sack.“

Jetzt hat Martin sich endlich tief genug eingegraben. Er will die Höhle noch ein bißchen höher machen. Er stochert mit dem Spaten über sich an der Decke. Sand fällt ihm auf den Kopf, doch das macht nichts.

Immer mehr Sand rieselt von oben auf ihn herunter. Plötzlich ist alles voll davon. Martin ist im Sand begraben. Er will um sich schlagen und um Hilfe schreien, aber er kann nicht. Er kriegt keine Luft mehr. Was wird nun werden?

Als er wieder zu sich kommt, liegt er in seinem Bett. Erst denkt er, er hat alles nur geträumt. Aber auf der Erde liegen seine

sandigen Hosen. Und im Mund knirscht es. Seine Mutter und Doktor Ehlers stehen neben seinem Bett.

„Was war los, Mami?"

„Papa hat dich ausgegraben. Doktor Ehlers war gleich da. Wenn Heiko nicht um Hilfe geschrien hätte, wärst du erstickt."

„Heiko?" Martin staunt. „Der kann mich doch nicht leiden."

Am nächsten Abend ist Martin wieder sauber und gesund. Und er weiß jetzt, wie gefährlich das Höhlengraben ist. Beim Gutenachtsagen fragt er seine Mutter noch einmal: „Wieso hat Heiko um Hilfe geschrien?"

Die Mutter antwortet nicht, sondern fragt: „Wenn Heiko verschüttet gewesen wäre, hättest du dann nicht um Hilfe geschrien?"

„Ich weiß nicht", sagt Martin. „Ich muß es mir erst überlegen."

Am nächsten Morgen dreht sich Martin auf dem Schulweg um und sagt: „Heiko, wollen wir mal versuchen, den Bach umzuleiten? Dazu braucht man zwei."

Geheimnisvolle Höhlengeschichte

Ilona spielt am liebsten hinten im Garten. Da ist ein Winkel im Gebüsch. Vater hat dort seine Komposthaufen. Eine Holzbude steht da mit alten Blumentöpfen darin. Ilona kann von hier das Haus nicht sehen. Sie selbst kann auch keiner sehen.

Etwas huscht vor ihren Füßen. Da sitzt es. Eine kleine, hübsche Maus, hellbraun mit einem schwarzen Strich den Rücken entlang. Ilona freut sich und ist ganz still. Sie fürchtet sich nicht vor Mäusen.

Wieder huscht das Mäuschen ein Stück, dann ist es weg. Wo ist es geblieben? Ilona kniet sich auf den Boden und bückt sich tief hinunter. Dort ist das Mauseloch. Ein paar dürre Zweige verdecken es fast.

Wie mag es da drin wohl sein? Ilona bückt sich noch etwas tiefer, macht sich ganz klein, ganz winzig klein. Mit beiden Händen schiebt sie mehrere Zweige beiseite und schlüpft in das Loch. Aber sie kann nicht aufrecht gehen, sie muß auf dem Hosenboden rutschen. Es geht etwas bergab.

„Mama wird schimpfen, daß ich so erdig bin“, denkt sie. „Ich kriege ja auch Sand in die Haare.“

Aber dann wird der Gang höher. Jetzt kann Ilona stehen. Über ihrem Kopf ist noch Platz. Es ist auch nicht mehr so stockfinster.

Sie sieht ungefähr zwanzig Mäuse in einer großen Höhle. Alle haben etwas zu tun. Einige füllen Körner in Säcke. Einige flechten Matten aus Gras. Andere fegen den Fußboden.

In der Mitte sitzt auf einem Stuhl eine schöne braune Maus, etwa so groß wie Ilona. Sie hat eine Krone auf dem Kopf und ein goldenes Halsband um. Das ist der Mäusekönig. Die Königin sitzt neben ihm. Sie ist silbergrau und trägt eine Krone aus kleinen Perlen. Sie strickt.

„Was strickst du denn eigentlich?“ fragt Ilona.

„Ein Kleid für mein Jüngstes“, antwortet die Mäusekönigin.

Ilona fragt, ob sie auch mal stricken darf.

Sie bekommt das Strickzeug und die Wolle. Ganz feine, weiße, weiche Wolle.

„Pusteblumenwolle", sagt die Mäusekönigin.

Ilona strickt schnell das Kleidchen fertig. Dann führt die Mäusekönigin sie nach hinten, wo eine Wiege steht. Die Wiege ist breiter als lang, denn es liegen sieben Kinder darin, lauter winzige Mäuschen. Das Jüngste ist noch nackt. Sie ziehen ihm das neue Kleid an. Die Bettdecke ist auch aus Pusteblumenwolle.

„Jetzt muß ich aber gehen“, sagt Ilona. Die Königin schenkt ihr zum Abschied eine Perle aus ihrer Krone.

Der Mäusekönig sagt: „Verrate keinem Menschen, was du hier gesehen hast!“

Durch den engen Gang kriecht Ilona jetzt auf allen vieren. Sie muß ordentlich nach Luft schnappen, als sie neben dem Komposthaufen ankommt. Dann reckt sie sich und streckt sich, bis sie wieder groß ist. Die Perle von der Mäusekönigin wächst aber nicht mit. Sie ist so klein wie ein Zuckerkörnchen.

Beim Mittagessen erzählt Gabi, Ilonas große Schwester: „Heute mußte ich in Mathe an die Tafel. Ich habe die Aufgabe nicht gekonnt. Die andern haben sehr gelacht. Ich wäre am liebsten in ein Mauseloch gekrochen.“

„Das kann man“, sagt Ilona. „Ich kann in ein Mauseloch kriechen. Ich mache mich einfach ganz klein.“

Alle lachen, und Gabi sagt: „Du spinnst.“ Ilona ärgert sich.

Später spaziert sie mit Oma im Garten.

„Was war das heute mittag mit dem Mauseloch?“ fragt die Oma. „Warum warst du so böse?“

Ilona erzählt die ganze Geschichte von der Mäusehöhle, der Königin und der Pusteblumenwolle. Die Oma lauscht und nickt. „So ist das also“, sagt sie.

„Komm“, ruft Ilona und faßt sie an der Hand. „Ich zeige dir das Mauseloch. Dann machst du dich auch ganz klein, und wir kriechen zusammen hinein.“

Beim Komposthaufen sucht Ilona und sucht. Sie schiebt alle dürren Zweige weg und befühlt den Boden. „Hier war es doch“, ruft sie. „Ich weiß es ganz genau. Und nun ist es weg."

Die Oma guckt enttäuscht.

Plötzlich schlägt sich Ilona mit der Hand an die Stirn. „Jetzt fällt es mir wieder ein. Der Mäusekönig hat verboten, daß ich es einem Menschen verrate. Nun ist zur Strafe das Loch weg. Sonst hätten wir jetzt miteinander reinkriechen können."

„Aber wenn du mir das nicht verraten hättest, wäre ich ja nicht mitgekrochen", sagt die Oma.

„Also ging es nicht anders", sagt Ilona und ist ganz zufrieden.

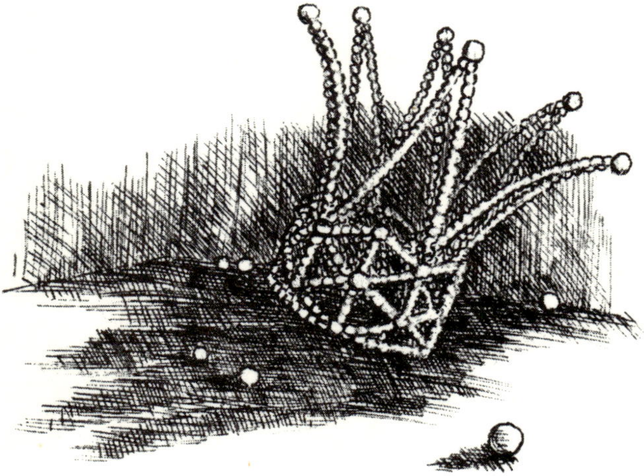

Doppelte Höhlengeschichte

Hui, hat das geschneit. Die hohen, spitzen Alpengipfel um das Dorf herum sind ja den ganzen Sommer weiß. Aber nun liegt der Schnee meterhoch auch auf den tieferen Hängen.

Resi und ihre Freundin Kati haben eine Schaufel mit.

Auf der Bergwiese, wo sie im Sommer Blumen pflücken, wollen sie sich eine Schneehöhle bauen.

Resi sagt: „Wir graben ein Loch in den Schnee, bis wir auf die Erde kommen. Wir klopfen die Wände fest und machen uns ein Dach."

Sie schaufeln abwechselnd. Sie frieren kein bißchen. Schon haben sie eine Grube in den Schnee gegraben, fast so breit wie der Gartentisch. Sie pusten, rufen und trampeln bei der Arbeit.

Familie Murmeltier liegt im Winterschlaf. Wie zwei dicke, kleine Pelzkugeln sind sie in ihre sichere Höhle unter der Erde gekuschelt.

Nun aber wird Vater Murmeltier unruhig. Etwas stört ihn. Langsam kommt er zu sich. In seiner Nähe hört er dumpfe Geräusche. Er weckt seine Frau.

„Was ist los?“ seufzt Mutter Murmeltier. „Warum läßt du mich nicht schlafen? Wie spät ist es?“

Vater Murmeltier befühlt seinen Bauch. „Höchstens Januar“, brummelt er. „Ich habe noch viel Speck auf den Rippen.“

„Dann wollen wir schnell weiterschlafen“, murmelt Mutter Murmeltier. „Weck mich meinetwegen Anfang April.“

Aber Vater Murmeltier gibt keine Ruhe. „Hörst du nicht, wie sie graben?“ sagt er. „Sie kommen immer näher. Sie wollen uns ausgraben!“

„Was?“ quiekt Mutter Murmeltier. „Dann müssen wir weg. Los, los, Vater, grab doch!“ Wie wild beginnt sie, in der Erde zu wühlen. Schon ist sie in einem neuen Tunnel verschwunden.

„Das ist die falsche Richtung!“ ächzt Vater Murmeltier. Er zieht seine Frau am Schwanz. Aber die dreht sich um und faucht: „Los, los, Vater, hilf mir. Ich weiß schon, wo die richtige Richtung ist.“

„Hat ja doch keinen Zweck“, brummt ihr Mann und räumt den Sand weg, den seine Frau losbuddelt.

Resi und Kati haben den Schnee bis auf den gefrorenen Boden ausgegraben und klopfen die Wände fest. Der Wall ist fast so hoch wie ihre Köpfe.

„Da drüben liegen Tannenäste“, ruft Kati. „Komm, die holen wir und machen ein Dach.“

Vater Murmeltier ist froh, daß das laute Stampfen und Kratzen aufgehört hat. „Vielleicht sind sie abgezogen“, ruft er seiner Frau zu. „Laß uns wieder schlafen gehen.“

Aber Mutter Murmeltier ist nicht mehr zu halten. „Wenn ich grabe, grabe ich“, schnauft sie laut. „Der Boden wird immer härter. Aber ich schaffe es schon.“

Resi und Kati legen die Äste kreuz und quer über die Schneegrube. „Jetzt ist die Höhle fertig“, sagt Resi und kriecht hinein.

Kati kommt hinterher. Sie hocken dicht nebeneinander. Es ist ihnen schön warm. Resi hat zwei Äpfel in der Tasche. Die essen sie jetzt.

„Guck mal her“, sagt Kati plötzlich. „Da bewegt sich was.“

Mit erstaunten Augen beobachten die beiden, wie in der Mitte ihrer Höhle das vereiste Gras wackelt. Dann hebt sich die Erde, zerbröckelt, und etwas Rundes, Pelziges erscheint.

Die beiden Mädchen kreischen los vor Schreck und können gar nicht schnell genug aus der Höhle krabbeln. Resi fällt in den Schnee. Sie rennen den Berg hinunter.

„Eine Ratte“, schreit Resi.

„Ein Fuchs“, schreit Kati.

„Ein Bär, es war bestimmt ein Bär", sagen sie, als sie bei Resis Mutter sind.

Die lacht. „Ihr seid schon zwei Angsthasen", sagt sie und geht wieder in den warmen Kuhstall.

Mutter Murmeltier ist beim Anblick der beiden Menschen ohnmächtig geworden. Vater Murmeltier zieht sie am Schwanz zurück bis in ihre alte Schlafhöhle. Bald kommt sie wieder zu sich.

„Iß etwas Heu, das tut dir gut", sagt Vater Murmeltier. „Ich mache inzwischen die Wand wieder dicht."

„War es doch die falsche Richtung?" denkt Mutter Murmeltier, während sie an den Halmen knabbert. Aber ehe ihr die Antwort einfällt, ist sie schon wieder eingeschlafen.

„Also bis April“, seufzt Vater Murmeltier, rollt sich zu einer Kugel und legt die Pfoten über die Nase.

Räuberhöhlengeschichte

Haufs sind mit Wiegands befreundet. Sie wohnen auf derselben Straße. Haufs haben drei Kinder, Wiegands auch. Eines Tages wollen die Eltern miteinander auf ein Faschingsfest gehen.

„Eure Kinder können bei uns schlafen“, sagt Frau Wiegand. „Wir kennen einen netten Jungen, der kommt als Babysitter.“

Ehe Frau Wiegand weggeht, guckt sie in das Zimmer von Mark und Denis. „Wie sieht das hier aus“, ruft sie. „Wie in einer Räuberhöhle! Macht mal Ordnung. Gleich kommen die Haufkinder und der Babysitter. Seid artig!“

„Räuberhöhle, Räuberhöhle“, singen Mark und Denis, als die Mutter draußen ist.

Sie sind Zwillinge, acht Jahre alt.

Die Eltern sind weg. Toni, der Babysitter, ist da. Auch Claudia, Rosi und Fred, die Haufkinder. Sie haben ihr Bettzeug mit und sollen im Elternzimmer schlafen.

„Wollt ihr jetzt alle ins Bett gehen?“ fragt Toni. „Es ist schon gleich neun. Putzt euch aber schön die Zähne.“

„Ich gehe nicht ins Bett“, schreit Babette, die kleine Schwester von Mark und Denis. „Ich will noch spielen.“

„Was wollen wir spielen?“ fragt Claudia.

„Räuberhöhle, Räuberhöhle!“ rufen Mark und Denis.

„Au ja!“ schreien die andern. „Wir sind alle Räuber.“

„Alle nicht“, sagt Toni. „Sonst könnt ihr ja keinen rauben.“

Das Spiel geht so: Die Räuber Mark und Fred sitzen mit der Räubermutter Claudia in der Räuberhöhle. Sie grölen und machen böse Pläne. Die Räuber tragen Vater Wiegands Hüte. Die Räubermutter hat Mutter Wiegands roten Bademantel an.

Sie haben das Bettzeug auf den Fußboden geworfen und sitzen darauf. Das ist ihr Lager.

Im Wohnzimmer ist das Schloß. Rosi und Babette sind die Schloßfräulein. Sie sitzen auf dem Sofa und trinken Milch aus den guten Tassen, die sonst in der Vitrine stehen. Sie haben ihre Nachthemden an und Frau Wiegands bunte Ketten um den Hals. Denis ist bei ihnen zu Besuch. Er ist ein junger Graf und mit Rosi verlobt. Im Schloß geht es sehr vornehm zu.

Dann müssen die beiden Schloßfräulein verreisen. Toni ist die Kutsche und das Pferd gleichzeitig. Die Fräulein klettern auf

seinen Rücken und spannen einen Regenschirm auf als Dach. Graf Denis winkt zum Abschied. Er bleibt im Schloß.

Die Kutsche fährt durch den dunklen Wald. Hinter der Tür von Herrn Wiegands Arbeitszimmer lauern die Räuber. Sie stürzen mit gräßlichem Geheul hervor und blenden mit Taschenlampen. Sie reißen die Schloßfräulein aus der Kutsche und schleppen sie in die Räuberhöhle. Dort werden ihnen die Halsketten abgenommen und die Hände gefesselt. Die Räubermutter gibt ihnen eine Brotkruste zu essen, damit sie nicht verhungern.

Toni kehrt ins Schloß zurück und bringt Graf Denis die traurige Nachricht. Der Graf setzt den roten Hut von Frau Wiegand mit den Federn auf und steckt ein Holzschwert in seinen Gürtel. Er hebt die Hand und schwört, daß er die Fräulein befreien will. Dabei stößt er eine der guten Tassen vom Tisch. Sie geht leider kaputt.

Dann schwingt sich Graf Denis auf Tonis Rücken und reitet vor die Räuberhöhle. Zwar halten die Räuber von innen die Tür zu, aber die Fräulein schubsen sie beiseite. Die Räubermutter hilft ihnen.

Die Tür springt auf, und alle beginnen sich zu prügeln. Dabei schreien sie, daß die Wände wackeln.

Am Ende führt Graf Denis die beiden Räuber ab ins Gefängnis. Das Gefängnis ist in der Küche. Die Räuber bekommen Marmelade aufs Gesicht geschmiert, weil sie verwundet sind. Die befreiten Fräulein

reisen in der Kutsche zurück ins Wohnzimmer.

„Owei, die gute Tasse“, sagt Rosi.

Babette sammelt die Scherben auf und schiebt sie ganz nach hinten unter die Vitrine. Dann gehen sie alle zugucken, was im Gefängnis passiert.

„Du Schuft“, ruft Graf Denis. „Wer bist du überhaupt? Habe ich dich nicht schon einmal gesehen?“ Er spricht mit dem Räuber Mark.

Mark streckt plötzlich seinen Arm aus. Er schreit: „Wir haben beide denselben Leberfleck an derselben Stelle!“

„Also bist du mein verschwundener Bruder!“ schreit Denis. „Wie schön, daß du wieder da bist.“

Sie umarmen sich und können vor lauter Lachen nicht weiterreden.

Es wird beschlossen, daß der Räuber Mark das andere Schloßfräulein heiraten kann.

„Wißt ihr eigentlich, wie spät es ist?“ fragt Toni. Es ist halb elf. Jetzt sind alle müde und gehen ins Bett, ohne sich die Zähne zu putzen.

Am nächsten Morgen sagt Frau Wiegand: „Wie eine Räuberhöhle sieht die Wohnung aus. Was habt ihr denn bloß gemacht?“

Wichtelhöhlengeschichte

Die Wichtelmänner Pix und Pux suchen eine neue Wohnung. Die vorige in einem hohlen Baum ist eines Tages vollkommen auseinandergebröckelt. Jetzt wollen sie was Festes.

Da finden sie in einem Hügel mehrere Kaninchenlöcher. Manche sind nicht mehr bewohnt.

„Guck mal“, sagt Pix begeistert. „Hier ist

eine schöne Höhle. Geräumig. Trocken. Ein Vorraum und zwei Stuben."

„Hallo!" ruft Pux von irgendwoher. „Ich bin hier."

Pix findet seinen Bruder eine Etage tiefer. Direkt unter der ersten Höhle ist noch eine zweite, genauso groß und schön.

„Jetzt haben wir jeder eine Wohnung", sagen sie zufrieden. „Jetzt können wir heiraten und Familien gründen."

Zuerst richten sie die obere Höhle ein. Pix zimmert Möbel aus Baumrinde. Pux tapeziert die Wände mit trockenen bunten Blättern. Abends sitzen sie vor dem Eingang und flechten Grasmatten mit sehr hübschen Mustern. Bald ist die Wohnung gemütlich eingerichtet. Noch wohnen die Brüder zusammen darin.

Als sie eines Abends in der Stube sitzen und ihre Pfeifchen rauchen, rumpelt es auf dem Vorplatz. Die Wichtelmänner strecken ihre Köpfe aus der Stube. Weiter können sie nicht, denn der ganze Vorraum ist mit einem riesigen Pelzknäuel vollgestopft.

Zwei Augen glühen in die Stube hinein. Eine runde Nase schnuppert den Pfeifenrauch.

„Hier stinkt es“, bellt eine Stimme. „Hört sofort mit dem Qualmen auf. Und macht Platz. Da drin will ich schlafen.“

Als Pix und Pux nicht gleich gehorchen, boxt das große Kaninchen mit der Pfote. Pux sieht Sterne und Funken. Er hat eine Ohrfeige gekriegt.

Ängstlich kriechen sie auf dem Bauch an dem Ungeheuer vorbei ins Freie.

Sie müssen in der unteren Höhle übernachten, wo nicht einmal Betten sind.

Morgens sehen sie, wie der Eindringling endlich die Wohnung verläßt.

„Ein alter Kaninchenbock“, sagt Pux. „Ein Raufbold. Ein Einzelgänger.“

„Gut, daß wir ihn los sind“, sagt Pix.

Die Wohnung sieht traurig aus. Das schwere Kaninchen hat die Möbel völlig zerdrückt. Die Tapeten sind zerrissen. Die Grasteppiche hat der Gast aufgefressen. Pix und Pux jammern nicht lange. Sie machen sich an die Arbeit. Abends sind die Betten wieder in Ordnung. Sie fangen mit einem neuen Grasteppich an.

Aber ach, kaum haben die kleinen Wichtelmänner es sich mit ihren Pfeifchen in der Stube gemütlich gemacht, poltert es draußen. „He, ihr Lümmel“, grunzt der Kaninchenbock. „Was macht ihr denn schon wieder in meiner Höhle? Jetzt geht es euch aber schlecht!“

Als sie versuchen, schnell an ihm vorbeizukriechen, prügelt er sie mit den Hinterpfoten. Sie fliegen in hohem Bogen aus dem Eingang und haben viele blaue Flecken.

„Was machen wir jetzt?“ fragt Pix.

„Wollen wir einfach weggehen und eine neue Höhle suchen?“

„So etwas Praktisches finden wir nie wieder“, meint Pux. „Zwei Wohnungen übereinander!“

Pix seufzt und nickt. Dabei hat er einen Einfall. Er bespricht sich mit Pux. Am Ende kichern sie miteinander.

Als der Kaninchenbock morgens endlich abgezogen ist, fangen Pix und Pux fieberhaft zu arbeiten an. Sie graben, daß sie schwitzen. Sie holen neue Baumrinde und Äste. Sie flechten ein Seil aus Gras. Abends sind sie noch längst nicht fertig.

Das Kaninchen kommt angehoppelt und findet die beiden Wichtelmänner vor dem Eingang. Sie haben kleine Becher in den Händen. „Laßt mich rein“, schnauzt der Karnickelbock. „Was trinkt ihr denn da? Riecht gut!“

„Koste mal“, sagt Pix sehr freundlich. „Löwenzahnlikör. Selbstgemacht.“

Das Karnickel trinkt schnell den kleinen Becher aus.

„Mmmh! Schmeckt gut! Sind auch Himbeeren drin?"

„Sicher", sagt Pux. „Hier hast du noch ein Gläschen."

Als der Kaninchenbock vier Becher getrunken hat, ist er beschwipst und müde. Er vergißt, daß er in die Höhle wollte. Er legt sich unter einen Kiefernbusch und schläft bis zum Morgen. Dann rennt er wieder weg.

Abends ist alles fertig. Pix und Pux sitzen im dunklen Vorraum. Sie haben jeder ein Seil in der Hand.

„Da kommt er!" wispert Pix.

Das Karnickel stürmt herein.

„Los!“ ruft Pux.

Die Wichtelmänner lassen die Seile los, und auf einer Falltür saust der schwere Bock durch den Fußboden in die untere Höhle.

„Aua!“ brüllt er.

Ehe er wieder am Eingang ist, haben Pix und Pux die Falltür hochgezogen. Zum zweitenmal lassen sie das Kaninchen in die Tiefe purzeln. Siebenmal versucht der Raufbold, ins Schlafzimmer zu kommen. Siebenmal fällt er durch den Fußboden.

Endlich rennt er wütend davon. „Gruselhöhle! Spukschloß!“ hören Pix und Pux ihn heulen.

Zufrieden gehen sie schlafen. Aber die Falltür im Vorraum ziehen sie nicht hoch.

„Man kann nie wissen!“ sagt Pux.

Baumhöhlengeschichte

Fredi arbeitet gern mit dem Vater im Garten. Dabei gibt es immer Tiere zu beobachten. Manchmal trippelt ein Igel über den Rasen. Im Hochsommer sitzen große grüne Grashüpfer in den Büschen und zirpen mit ihren Flügeln. Und im alten Apfelbaum ist eine Nisthöhle.

Nachdem die Meisen mit ihren Kindern die Nisthöhle verlassen haben, hat der Vater sie saubergemacht. Da ist nämlich immer Ungeziefer drin, das die kleinen Vögel quält. Der Vater hat über dem Eingang ein Stück morsches Holz

herausgeschnitten. Nun kann er mit der Hand in die Nisthöhle langen und sie mit Seifenwasser säubern. Dann setzt er das Holz wieder ein. Das macht er jedes Jahr.

Jetzt ist die Nisthöhle wieder in Betrieb. Kohlmeisen wohnen drin. Sie sind schwarz und weiß mit ein bißchen Gelb. Sie turnen sehr geschickt an den Zweigen. Dann bleibt eine Kohlmeise verschwunden. Sie sitzt nun auf den Eiern und brütet die Jungen aus.

Nach zwei Wochen ist es soweit. Immer wieder fliegt eins der Alten zu dem Eingangsloch der Baumhöhle und bringt Futter: Käfer und Würmer.

Fredi steht unter dem Baum und lauscht. Er kann die Jungen fiepen hören.

Eines Tages machen Fredi und der Vater einen traurigen Fund. Ein noch nacktes, winziges Vögelchen liegt unter dem Baum. Es ist tot.

Am nächsten Tag finden sie ein zweites totes Vogelkind. Der Vater schüttelt ganz besorgt den Kopf.

Plötzlich sagt er: „Hör mal, Fredi!“

„Kuckuck“, schallt es durch die Gärten. „Kuckuck, Kuckuck.“ Es klingt hübsch.

„Ich glaube, ich weiß jetzt, was bei den Meisen los ist“, sagt der Vater. „Am besten, wir gucken gleich mal nach. Die Meisenmutter wird es uns hoffentlich nicht übelnehmen.“

Fredi holt einen Gartenstuhl. Das Loch im Baumstamm liegt nicht sehr hoch. Vorsichtig zieht der Vater das eingesetzte

Stück Holz über dem Eingang weg. Fredi steigt auch auf den Stuhl, und der Vater hebt ihn hoch. Beide gucken in die Nisthöhle. Da brütet die alte Kohlmeise.

Halb unter ihrem Flügel sitzt ein kleines, nacktes Junges. Und da ist noch eins, auch nackt, aber doppelt so groß. Es reißt den Schnabel auf.

„Ein junger Kuckuck", sagt Fredis Vater. „Nächstens schmeißt er diese kleine Meise auch aus der Höhle. Und später die, die noch ausschlüpfen."

„Was machen wir nun?" fragt Fredi.

Der Vater holt eine Pappschachtel aus dem Haus, polstert sie mit trockenem Gras und setzt den kleinen Kuckuck vorsichtig hinein. Dann drückt er das Holzstück wieder über dem Eingang der Nisthöhle fest.

„Jetzt können die Meisen in Ruhe ihre Kleinen aufziehen“, sagt er. „Der Kuckuck hat den andern alles weggefressen. Der braucht ja doppelt soviel.“

„Wer füttert den Kuckuck jetzt?“ fragt Fredi.

„Wir zwei“, sagt der Vater. „Mit Würmern, gekochtem Ei und Hackfleisch. Wir kriegen ihn schon groß.“

Sie stopfen dem hungrigen Vogelkind das Futter mit einem Stöckchen in den Schlund. Bald kriegt es Federn. Es wird immer größer. Wenn Fredi in die Küche kommt, hopst der kleine Kuckuck ihm entgegen und bettelt. Eines Tages flattert er vom Tisch auf den Fußboden.

Als er ausgewachsen ist und richtig fliegen gelernt hat, bringt Fredi ihn in den Garten.

Er sieht zu, wie der Kuckuck fortfliegt.

„Kuckuck, Kuckuck“, schallt es durch den Garten.

Schatzhöhlengeschichte

Anja und Thomas verbringen ihre Ferien mit ihren Eltern in Italien. Von ihrem Haus führt ein steiler Weg bis hinunter an den Strand. Die Sonne scheint, das Meer ist blau, sie baden jeden Tag. Alle finden es schön.

Leider ist eines Tages Mutters dünne goldene Halskette verschwunden. Die Mutter sucht und sucht. „Du hast sie vielleicht beim Baden verloren“, sagt der Vater.

„Wo ist denn meine Armbanduhr?“ fragt Thomas am nächsten Tag. „Ich weiß ganz bestimmt, daß ich sie gestern abend noch hatte.“

„Gibt es hier Diebe?“ sagt die Mutter. Sie sieht nach, ob die Haustür verschlossen ist.

„So“, schreit Anja nach dem Frühstück, „jetzt ist mein guter Kugelschreiber weg. Ich wollte der Oma eine Karte schreiben. Er steckte in meiner roten Tasche.“

In den nächsten Tagen verschwinden Vaters Feuerzeug, Mutters Ohrclips, Anjas Haarspange und die Sonnenbrille von Thomas.

„Wenn der Fotoapparat auch noch wegkommt, gehe ich zur Polizei“, sagt der Vater.

Beim Baden muß jetzt immer einer bei

den Kleidern am Strand Wache halten. Aber es wird nichts weiter gestohlen.

Thomas kommt allein vom Strand zurück. „Guckt mal, was ich gefunden habe!" ruft er.

„Wie schön, daß mal einer was findet, statt was zu verlieren", sagt der Vater.

Es ist nur ein Fetzen Papier, sehr alt und schäbig. Eine Zeichnung ist darauf, auch eine Schrift.

„Was heißt das?" fragt Thomas.

„Das ist das italienische Wort für Höhle", sagt der Vater.

„Was soll die Zeichnung bedeuten?" fragt Anja.

„Vielleicht eine Skizze", sagt Thomas. „Das hier sieht aus wie unser Haus. Da sind Wellen, das soll das Meer sein."

„Und hier", sagt die Mutter, „geht der Weg zum Strand."

„Dies soll wohl der runde Felsblock sein, an dem wir vorbeikommen", meint der Vater.

„Und wo das Wort für Höhle steht, ist ein

kleines Kreuz“, ruft Anja aufgeregt. „Ein ganz winziges Kreuz.“

„Ich hab’s“, sagt Thomas. „Da ist eine Schatzhöhle. Da haben früher die Seeräuber ihre Beute versteckt. Gold und Edelsteine. Das Papier ist sicher schon hundert Jahre alt.“

„Mindestens!“ sagt der Vater. „Wo lag es denn?“

„Es flatterte durch die Luft vor meine Füße“, sagt Thomas.

Nach dem Mittagessen machen sich alle vier auf den Weg, um die Schatzhöhle zu finden. Sie muß in der Nähe des runden Felsblockes liegen.

„Hier!“ schreit Anja. Sie hat ein Loch im Abhang entdeckt. Sie steckt die Hand hinein und zieht sie gleich wieder heraus. „Aua! Irgendwas hat mich gebissen.“

Die Mutter beguckt den Finger. „Nicht schlimm. Ich sehe keine Wunde.“

„Ein Käfer mit Kneifzangen“, vermutet der Vater. „Der war sicher auch sehr erschrocken.“

„Viel zu nahe am Felsblock“, sagt Thomas. „Die Schatzhöhle ist weiter weg.“ Thomas scheint gut Bescheid zu wissen. Er stöbert in den Kräutern herum. „Hier könnte es sein. Aber ich sehe keine Höhle.“

„Aber ich!“ schreit Anja. Anja schreit meistens. „Sieh mal, wie die Steine aufgestapelt sind. Die verdecken den Eingang.“

Sie räumt das Steinmäuerchen beiseite. Eine Höhle erscheint. Sie liegt zwischen einer Felsplatte und einem Wurzelgeflecht. Aber Anja mag nicht als erste die Hand hineinstecken.

Der Vater kniet im Sand und langt in die Höhle. Er zieht wirklich etwas heraus.

„Eine Schatzkiste!“ ruft Anja.

„Eine alte Keksdose“, sagt die Mutter. „Man kann noch die Schrift lesen.“

„Die Seeräuber haben ja von Schiffszwieback gelebt“, sagt Thomas. Er kann vor Lachen kaum reden.

Der Vater nimmt den Deckel von der Schachtel. Lauter kleine Päckchen liegen darin.

„Gold und Edelsteine!“ schreit Anja. Sie packt das erste Päckchen aus. Sie findet Mutters Ohrclips.

Jetzt grabbeln alle nach den Päckchen. Vaters Feuerzeug kommt zum Vorschein, Anjas Haarspange, Mutters Goldkettchen, der Kugelschreiber, die Sonnenbrille.

„Die Seeräuber hatten es wohl auf uns abgesehen“, lacht die Mutter. „Wie gut, daß du den hundertjährigen Zettel so schnell gefunden hast, Thomas.“

Anja blickt aufs blaue Meer hinaus. „Da, ganz hinten, da sehe ich ein Schiff.“

Hinter ihnen knirscht der Sand. Es kommt jemand den Weg herunter. Ein Mann mit brauner Haut und schwarzen Haaren, eine alte Hose hat er an und ein rotes Tuch um den Hals.

„Der Seeräuber", flüstert Anja, als er vorüber ist. „Laßt uns schnell im Haus nachsehen, was er jetzt geraubt hat."

Katzenhöhlengeschichte

Seit dem Wochenende haben Webers einen neuen Hausgenossen. Er trägt eine graue Mütze über den spitzen Ohren und eine graue Decke mit Streifen und Flecken auf dem Rücken. Der Rest ist weiß wie Schnee. Der Hausgenosse heißt Mischi und ist noch jung.

„Katzen machen keine Arbeit", sagt die Mutter zufrieden. „Hauptsache, sie sind stubenrein. Und das ist Mischi."

Mischi ist wunderbar stubenrein. Er scharrt und scharrt in den Sägespänen in seinem Katzenklo, bis nichts mehr zu sehen ist. Dann putzt er sich gründlich.

„Katzen sind so sauber", sagt die Mutter. Sie geht einkaufen. Mischi sitzt auf dem Fensterbrett.

Als Frau Weber wiederkommt, ist Mischi nicht mehr da. Sie geht durch alle Zimmer und guckt unter die Möbel. Die Schranktür steht einen Spalt offen. Frau Weber öffnet den Schrank und hört etwas schnurren. Mischis Ohren gucken hinter den aufgestapelten Unterhosen hervor. „Das geht aber nicht", sagt die Mutter und

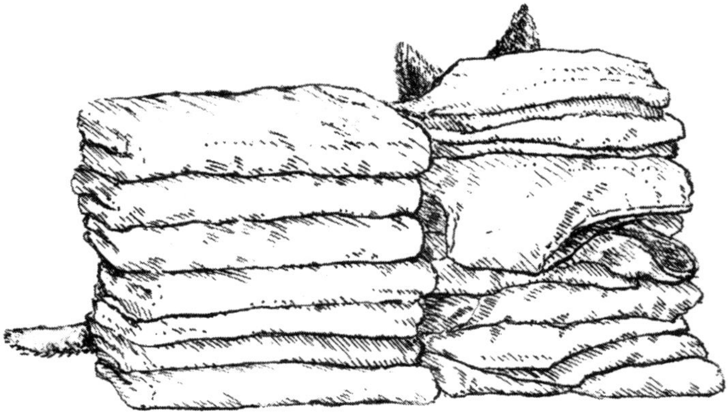

scheucht Mischi aus dem gemütlichen Wäscheschrank.

Am Nachmittag kommt Besuch. Sabine und die Mutter haben den Tisch gedeckt. Alles ist herrlich aufgeräumt.

„Aah“, ruft Tante Lise und tritt ins Wohnzimmer. Sie bewundert den Kaffeetisch und achtet nicht auf ihre Füße. Da stolpert sie über eine große Beule im Teppich.

„Mischi!“ schreit Sabine, und alle sehen zu, wie die Beule über den Teppich wandert, bis der Kater hervorkommt und sich hinter dem Vorhang versteckt.

„Sehr niedlich“, sagt Tante Lise und reibt sich ihr Knie. Sie hat sich gestoßen.

„Wie sieht dein Bett schon wieder aus, Sabine“, tadelt die Mutter. „Ich hatte es so schön glatt gestrichen. Jetzt ist da ja ein richtiger Berg!“

Sabine lacht und hebt die Decke etwas in die Höhe. Zusammengerollt liegt Mischi darunter und schläft.

„Das geht aber nicht“, sagt die Mutter. „Katzen gehören nicht ins Bett. Das ist unhygienisch. Davon kann man krank werden.“

Mischi mauzt, kratzt und jault, als er aus der warmen Höhle gejagt wird.

Sabine wird wirklich krank. Aber nicht Mischi ist daran schuld. Die Grippe zieht in ihrer Klasse herum.

Vorgestern hat Sabines Freundin Susi Fieber bekommen, heute kriecht Sabine mit klappernden Zähnen ins Bett. Die Mutter pflegt sie. Die Frau Doktor kommt. Mischi sitzt auf dem Bettvorleger und spielt mit den Fransen.

Nach drei Tagen geht es Sabine schon besser. Das Fieber ist weg, aber sie muß

noch im Bett bleiben. Die Mutter ist einkaufen, und Sabine langweilt sich.

„Mischi, Mischi", ruft sie.

Die Tür geht auf, Mischi kommt hereinspaziert. Hopp, sitzt er auf dem Bett neben Sabines Kopf. Er leckt ihr die Nase. Er reibt seinen Kopf an Sabines Schulter. Er steckt die Pfoten unter die Bettdecke.

„Ich weiß schon, was du willst", sagt Sabine und macht mit ihrem Arm ein Tor. Dahinter liegt eine warme, dunkle Höhle. Mischi steckt erst den Kopf hinein, dann verschwindet er unter der Bettdecke und kuschelt sich an Sabines Bauch. Sie hört ihn schnurren. Es fühlt sich so gemütlich an, daß sie einschläft.

Als sie die Augen aufmacht, steht die Frau Doktor an ihrem Bett, daneben die Mutter.

„Du hast ja schön geschlafen“, sagt die Frau Doktor. „Das tut dir gut, dann wirst du bald ganz gesund.“ Sie schiebt die Bettdecke nach unten und untersucht Sabine mit dem Hörrohr.

Auf einmal hält sie still und staunt. Über Sabines Bauch bewegt sich die Bettdecke.

„Warum zappelst du denn so?“ fragt die Mutter. „Die Frau Doktor kann dich ja gar nicht untersuchen.“

Dann fahren beide zurück, denn ein weiß

und graues Pelztier springt aus dem Bett zwischen ihre Füße. Weg ist es.

„Was war das?“ fragt die Frau Doktor.

„Unser frecher Kater“, sagt die Mutter. „Das geht aber nicht, daß er mit dir im Bett sitzt. Es gibt doch andere gemütliche Plätzchen in der Wohnung.“

„Unsere Katze sitzt am liebsten im Bücherregal“, sagt die Frau Doktor.

Am nächsten Tag darf Sabine aufstehen. „Gib deinen Schlafanzug, der kommt gleich noch in die Waschmaschine“, sagt die Mutter. Dann frühstücken sie miteinander. Mischi ist nicht zu sehen

Sonst ist er beim Frühstück auch in der Küche.

Die Mutter geht zur Waschmaschine. Sabine sucht Mischi. Wo kann er nur sein? Er sitzt nicht in einem der Betten, auch nicht im Schrank. Hinter dem Vorhang, unter den Sesseln, unter dem Teppich, nirgends ist er zu finden. Vielleicht im Besenschrank? Sabine kommt sich vor wie beim Ostereiersuchen. Zum Schluß macht sie sich Sorgen. Hat ihn einer weggeschleppt? Ist er aus dem Fenster gefallen?

Mit Zischen und Gurgeln läuft das Wasser in die Waschmaschine. Sabine reißt plötzlich die Augen auf und schreit so laut wie noch nie. Frau Weber kommt herbeigerannt.

„Die Waschmaschine!“ schreit Sabine. „Mach die Maschine aus, Mutti!“

Die Mutter stellt schnell die Maschine ab, aber sie weiß nicht, warum.

Sabine läßt die runde Tür aufschnappen. Die Wäsche ist gerade erst ein bißchen feucht. Sabine und die Mutter sehen zu, wie sich zwei Pfoten und ein grauer Kopf mit spitzen Ohren aus der Wäsche wühlen. Heulend springt Mischi heraus.

„Das geht aber nicht!“ sagt Sabine. „Dann soll er doch lieber in meinem Bett sitzen.“